Dr. med. Ulrich Kübler

Die Finanzmärkte und die Zerstörung des Geldes

Copyright: © 2015 Dr. med. Ulrich Kübler

Lektorat: Erik Kinting / www.buchlektorat.net

Umschlag & Satz: Erik Kinting

Verlag: tredition GmbH, Hamburg

Printed in Germany

Illustrationen & Titelbild: Prof. Dr. Ekkehard Stähler, Siegen

Bibliografische Information der Deutschen Nationalbibliothek:

Die Deutsche Nationalbibliothek verzeichnet diese Publikation in der Deutschen Nationalbibliografie; detaillierte bibliografische Daten sind im Internet über http://dnb.d-nb.de abrufbar.

Durch fortgesetzte Inflation können Regierungen sich insgeheim einen wesentlichen Teil des Vermögens ihrer Untertanen aneignen. Der Anblick dieser willkürlichen Verschiebung des Reichtums (oder des umlaufenden Vermögens) vernichtet nicht nur die Sicherheit, sondern auch das Vertrauen auf Gerechtigkeit.
John Maynard Keynes, 1920

Glauben Sie, die Not wird größer und größer werden. Es ist so charakteristisch, dass nicht die Spekulation, sondern gerade die gesamten ehrlichen Existenzen vernichtet werden.
Adolf Hitler, 1923

Unternehmen, deren Existenz davon abhängt, ihren Beschäftigten weniger als einen zum Leben ausreichenden Lohn zu zahlen, sollten in diesem Land kein Recht mehr haben, weiter ihre Geschäfte zu betreiben. Mit einem zum Leben ausreichenden Lohn meine ich mehr als das bloße Existenzminimum – ich meine Löhne, die ein anständiges Leben ermöglichen.

Franklin Delano Roosevelt, Präsident der USA, 1938
bei der Einführung des gesetzlichen Mindestlohnes

Geld war ursprünglich ein Wert, heute ist es nur noch ein manipuliertes Versprechen und die Finanzkreisläufe sind künstlich am Leben erhaltene Kreisläufe der Gier.

Überhaupt die Gier: Während sie immer größer wurde und wird, wurden und werden die Zinsen immer niedriger. Nun sind wir sogar bei Strafzinsen angelangt, soweit haben es die Banken unter den Augen der großartigen Wirtschaftstheoretiker gebracht: statt Globalität Instabilität, statt Mehrwert Mehrwertsteuer.

Aber es gibt Negativzinsen für Sparer, also für Menschen und seriöse Firmen, die auf eine Balance zwischen Kapital und Arbeit angewiesen sind, in einer Welt, in der Eigentum nicht mehr verpflichtet, obwohl diese Verpflichtungen Deutschlands seit der Weimarer Zeit Verfassungsrang haben, ebenso wie die Menschenwürde, die lt. deutscher Verfassung unantastbar ist. – Fragen Sie einmal einen Hartz-IV-Empfänger, einen Arbeitssuchenden nach dieser Würde.

Fragen Sie Herrn Draghi, wie er es wagen kann, sich als Schutzheiliger jener Banken aufzuspielen, die mithilfe der Schuldensozialisierung täglich mehr Schwundgeld in den Umlauf bringen und gar nicht genug von der Inflation bekommen können. Er nennt das *Quantitative Easing*. Er wird wissen, dass dadurch Generationen verarmen werden.

Diese Art der Entschuldung des Staates, die auch Herr Schäuble goutiert, da er einen Nutzen daraus zieht, ist ein klarer Verstoß gegen geltendes Recht. Aber kein Wirtschaftsanwalt, kein Generalbundesanwalt klagt oder ermittelt wegen organisierten Verbrechens. Den Kartellämtern dieser Welt ist es auch egal, dass nach einer Untersuchung der ETH Zürich 147 Konzerne 40 Prozent der Weltwirtschaft kontrollieren, darunter Banken.

Nun wollen Physiker die Finanzmärkte stabilisieren. Mithilfe einer dynamischen Risikoabgabe wollen sie Absurdes beherrschbar machen. Das ist an sich nur logisch. Warum? Nachdem sich die sog. *Grundlagenphysiker* immer mehr von der Realität entfernt, immer mehr Teilchen statt stringenter Theorien produziert haben und Märchenstunden an die Stelle des Eingeständnisses traten, dass eine komplexe Realität sich der menschlichen Steuerung entzieht und wir von Unschärfe-Relationen umgeben sind – die sich der Erklärung durch binäre Eindimensionalität entziehen –, dringen diese Realitäts-Akrobaten mit ihren defekten Modellen in das Reich der ökonomischen Scharlatanerie ein, um der Gesellschaft die Illusion der Beherrschbarkeit zu geben. Das Unmögliche soll möglich gemacht werden. Kapital für alle, unendliche Kaufkraft, Einkommen ohne Arbeit, Wachstum ohne Ende: durch wundersame Geldvermehrung. Im Grunde ist das staatliche Konkursverschleppung und üblicherweise ein Straftatbestand.

Die Verramschung des Geldes schreitet unaufhaltsam fort: Draghi treibt die Ausweitung der Geldmenge immer mehr voran. Es muss gefragt werden, wer einer einzelnen Person die Macht über solche Geldmengen anvertrauen darf.

Mag sein, dass er nach dem Motto handelt: *Ich versuche zu retten, was zu retten ist*, oder: *Ich rette die Banken und die Kapitalbesitzer.*

Aber was ist Kapital? Ein Versprechen, ein Zahlungsmittel, Metalle, Rohstoffe, Werkzeuge, Verfahren, Fähigkeiten, Nahrungsmittel,

Produktionsmittel, Erde, Wasser, Boden, Luft ...?

Der beste Weg zur Vernichtung des kapitalistischen Systems ist die Vernichtung der Währung, sagte Lenin.

Der Kapitalismus vernichtet sich derzeit selbst. Die Bilanzsumme der Europäischen Zentralbank soll auf 3 Billionen steigen.[1] Diese Strategie ist abenteuerlich und von keinem Mandat gedeckt. Banker mandatieren sich selbst oder es wird veranlasst, dass sie es tun. Die *Bank für Internationalen Zahlungsausgleich*, die BIZ, kündigte deswegen schon 2014 den Crash an. Gar nicht so dumm, denn der Crash könnte die Lösung sein.

Das erinnert an Hegel, der auf die Frage, ob ihm nicht aufgefallen sei, dass seine Theorien die Realität nicht ausreichend beschrieben, geantwortet haben soll: *Um so schlimmer für die Realität.*

Diese Aussage könnte auch von Draghi und den anderen Zentralbankern stammen, die

---

[1] *Anleihe-Käufe, M. Draghis Billionen-Experiment* FAZ online vom 09.03.2015

bekanntlich aus dem Müll der Derivate Gold machen wollen. – Was ihnen ja für sich selbst auch gelingt, indem einige wenige im größten Raubzug der Geschichte vielen Menschen Arbeitszeit, Lebenszeit und das letzte Geld nehmen, das diese für ein Leben in Würde und abgesichertem Lebensabend benötigt hätten.

Es dreht sich die Spirale der permanenten Entwertung. Geschützt vom Mantel ihrer von Politikern verliehenen Immunität dürfen diese Technokraten das Geld und die von anderen erarbeiteten Werte zerstören, um einige Bankster und sich selbst vor der Pleite zu bewahren.

Die Oligarchen sind auch in Europa angekommen und zerstören seine ohnehin morsche Architektur. Wohlgemerkt, mit *Oligarchen* sind nicht die angeblich bösen Russen gemeint, die Kiew den Gashahn zudrehen wollen. Der europäische oder amerikanische Oligarch kommt verkleidet als Beratungsgesellschafter daher und findet sich in den Management-Etagen von Konzernen. Oligarchie ist die Herrschaft derer, die sich mit dem Geld anderer die Spielregeln kaufen können.

In Konkurs geht nur noch der einzelne Mensch – Staaten, Banken, Firmen werden permanent gerettet. Verbrechen zahlen sich aus, Verbrechen lohnen sich, je größer um so mehr.

Die Spirale des Schlimmeren dreht sich immer weiter. Aufgrund der installierten Schneeballsysteme ändert sich dauernd oben und unten und wundert sich eine Kanzlerin, dass nur die Ankündigung eines Mindest-Lohnes schon Auswirkungen hat. Aber großzügig ist sie. Zusammen mit der schwarzen Null hat sie inzwischen rd. 700 Milliarden, also ein Mehrfaches des deutschen Staatshaushaltes zur Rettung bereitgestellt.

Wen und was sie da rettet? Die Finanzkreisläufe sind krank. Das Geld ist nur noch ein Versprechen. Die Ökologie wird der Gier geopfert. Die Moral ist beliebig, das Recht wird verraten und verkauft, das Vertrauen ist verloren und so dreht sich die Spirale des Schlimmeren immer weiter:

Aber keine Sorge, die Umsetzung dieser technologischen und ökonomischen Wahnideen kann der Megatrends nicht Herr werden, diese nicht einmal steuern, es wird nur das Tempo des Absturzes beschleunigt.

Die Politiker stürzen von einer Vertrauenskrise in die nächste. Sie beuten die Gutgläubigkeit des Bürgers aus und versprechen ihm im Gegensatz zur Kirche das Glück im Diesseits, beschränken aber durch Ausbeutung und eine ungeheure Gesetzesfülle die Handlungsfähigkeit des Einzelnen immer mehr. In einer Zeit, da sich persönliches Glück hauptsächlich am materiellen Erfolg definiert und in allen Bereichen Wettbewerb herrscht, nehmen dadurch die Gefühle der Ohnmacht zu. Individualität und Allgemeinwohl kollidieren, statt Souveränität entsteht Sklavenmoral. Dies ist das Erbe des 20. Jahrhunderts, das uns die Monetaristen und Kapitalisten des 21. Jahrhunderts hinterlassen haben.

Diese Zivilisation ist moralisch am Ende und wird beim Um-sich-Schlagen einiger Mandatsträger den feudalen Diktaturen früherer Zeiten immer ähnlicher.

Von der Klimaerwärmung und millionenfachen Flüchtlingselend haben wir noch gar nicht gesprochen.

So steht die Welt vor globalen Prüfungen, geführt von Männern und Frauen, die annehmen, diese Dinge zu verstehen und kontrollieren zu können. Die Vorstellung, zu welchen Methoden der Lokal- und Global-Steuerung sie noch greifen werden oder schon gegriffen haben, lässt einen mehr als nur gruseln.

Die Sprüche und dunklen Ankündigungen des Thomas de Maizière, der ja selbst die Tätigkeit potenzieller krimineller V-Leute endgültig straffrei stellen wollte, lassen dies ahnen.

Wie sagte einst Erich Mielke, der Chef der Stasi? *Ich liebe euch alle.* Die Diktatur, die er verwaltet und kontrollierte, war ebenso inkompatibel mit den Menschenrechten und der Menschenwürde, wie die jetzt real herrschenden Verhältnisse der Diktatur der Geldmärkte. Diese Krise scheint auch deshalb unüberwindbar, da sie zum Herrschaftsinstrument verkommen ist. *Souverän ist, wer den Ausnahmezustand verhängen kann*, sagte Carl Schmitt in seiner politischen Theologie 1922.[2]

---

[2] Schmitt, Carl, *Politische Theologie*, 1922

Der Ausnahmezustand wird immer mehr zum Paradigma des Regierens.[3] Unsere Politiker nennen das anders. Sie sagen, dass ihre Entscheidungen alternativlos seien oder Neuland betreten werden müsse.

Zur Geldpolitik kommen inzwischen noch die Biopolitik, die Klimapolitik, die Asylpolitik und das Datenmanagement, das tatsächlich in den meisten Fällen mehr ein planetarischer Datenklau ist als Teil des Bemühens, das Energie-, Klima-, Wirtschafts- und Informationssystem des Planeten unter Kontrolle zu halten.

Als Konsumenten sind wir alle *Geo-Ingenieure*, wenn wir den Globus mit Pipelines umwickeln und CO_2 freisetzen, statt zu nutzen. Unter permanenter, teilweise exponentieller Beschleunigung der Produktion und des Verbrauchs wird die Nutzenergie Bordmitteln entnommen und nicht der zugeführten Energie aus dem Weltall. Die Atmosphäre und die Hydrosphäre werden vergiftet, die Lithosphäre wird gefrackt, bis die Biosphäre verdreckt. Suchen Sie sich also aus, ob Sie das *Anthropo-*

[3] Agamben Giorgio, Ausnahmezustand, Edition Suhrkamp 2004

zaen oder *Kapitalozaen* nennen wollen. Auf jeden Fall ist es der ökonomische und ökologische Wahnsinn.

Was kann man tun, damit daraus nicht ein post-historisches Vegetieren wird? Um Vorschläge wird gebeten.

Angesichts der unsittlichen Ausweitung der Bilanzsumme der EZB geht die Politik also über finanzielle oder tatsächliche Leichen: Die Säuglingssterblichkeit in Griechenland ist die eines Drittwelt-Landes; die Reeder der von Steuern befreiten griechischen Tanker und sonstigen Transportflotten singen zusammen mit den Herren der Offshore-Oasen ein gar garstig Lied.[4] Von der Globalität über die Imperialität mithilfe der Steuerbefreiung zur Sklavenmentalität: Gewinne privatisieren – Schulden sozialisieren.

Ist diese Art der flächendeckenden Kriminalität kein Thema für nationale oder transnationale Staatsanwälte oder geeignete politische Maßnahmen?

---

[4] *Von der Steuerinsel in die Schwarzgeld-Hauptstadt*, FAZ online 06.03.2015

Nein, denn diese sind bekanntlich die Anwälte des Staates und reagieren nicht auf Bilanzbetrug und Konkursverschleppung, wenn dieser mit staatlicher Billigung erfolgt. Für die Menschen tun sie gar nichts.

Und die einzelnen Nationalstaaten?

Egoistisch und chauvinistisch wie eh und je. Statt es einmal mit einem zügigen Übergang von der Währungsunion zur politischen Union zu versuchen, wird der Weg von der gescheiterten Globalität zurück in die Nationalität beschritten, schlimmer noch: hinein in ein neokoloniales Protektorat von Imperien, die die Prinzipien des Westfälischen Friedens verachten oder gar nicht kennen wollen. Souveränität und Selbstbestimmung unabhängig von ökonomischen Diktaturen: Fremdworte

Finanzhaien und Hedgefonds-Gangstern wird das Bruttosozialprodukt zur Selbstbedienung überlassen, damit sie es in den Börsenkasinos straflos verzocken können. Rohstoffhändler, die eigene Söldnertruppen finanzieren, lassen mal eben die Preise nach unten rauschen, um statt heißer Kriege kalte Kriege zu finanzieren. Ganze Völker werden durch Boykottmaßnahmen als Geiseln genommen. Es wird also eine

Ökonomie der Verachtung und der Vernichtung betrieben. Statt Fairness und Geldwertstabilität wird ein Versklavungsprinzip aufgebaut. Der Bürger kann sich diesen Staat nicht mehr leisten. Die Staaten wollen sich den Bürger nicht mehr leisten.

Immer mehr Geld fließt in private oder semiprivate Nicht-Regierungs-Organisationen. Jeder ist irgendeinem Wohl und irgendeinem Interesse verpflichtet. Was ist also die Lösung? Der Crash? Die persönliche Haftung der Finanzminister für die Einhaltung der Regeln? Die Bezahlung der Staatsdiener nach Kassenlage?

Auf jeden Fall fühlt sich diese Art von Kapitalismus, der alle Regeln der Fairness und Seriosität missachtet, selbst ab absurdum. Aber der Marxismus war auch nicht die Lösung und die Soziale Marktwirtschaft ging schon kaputt, bevor sie vollendet war.

Warum? Der sog. *Kapitalismus* bedient sich defekter Wachstumsmodelle und ist für kriminelle Schneeballsysteme so anfällig wie der Mensch für Korruption. Der Bürger ist ohnmächtig oder wird ohnmächtig gemacht. Die

Mächtigen reagieren oder regieren als Marionetten des von ihnen mitgeschaffenen Systems. Nirgendwo ist eine Lösung in Sicht. Sparen ist zur puren Geldvernichtung geworden. Innovationen kommen zu langsam oder werden erst nach Katastrophen zugelassen. Erklärungen werden abgegeben, Konventionen unterzeichnet, aber nicht beachtet. Globalismus, Internationalismus, Nationalismus – überall *Ismen*, aber kein Konzept.

Grillparzer hätte gesagt: *Von der Territorialität über die Nationalität zur Bestialität.*

Dann kamen noch der Genderismus auf, der Feminismus und das *Social Freezing*, also die rechtzeitige Abgabe und Einlagerung individueller zur Fortpflanzung geeigneter Zellen zur Erzeugung von Kindern zum gewünschten Zeitpunkt. Die Biotechnologie wendet veterinärmedizinische Methoden an, um sich einen neuen Markt zu erschließen, den des *Genomic Editing* mit der Zelle als Rohstoff. Genomik und Proteomik werden bemüht, um die individuellen und staatlichen Begehrlichkeiten marktfähig zu machen.

Merke: Von der Eugenomik bis zur Eugenik ist es nur ein kleiner Schritt, und was künstlich geschaffen wird, wird am Ende künstlich beendet werden.

Die Pflege der Kranken und Alten wird entindividualisiert, ökonomisiert, reguliert, auf jeden Fall entmenschlicht. Die Planetenmanager lassen grüßen.

Die Krankenversicherer, überfordert von der Demografie und der Gier ihrer Manager und den Möglichkeiten der sog. *modernen Medizin* überbieten sich gegenseitig in Data-Mining. Die verängstigten Ärzte geben ihr Selbstbewusstsein an die Algorithmen des Staates und der Versicherungen ab. Alle schlittern in eine Diktatur der digitalen Datenströme, deren Beachtung ihnen Partizipation, Problemlösungen und Glück versprechen. Diesseits und Jenseits verschwimmen, die Virtualität wird zur Realität.

Um wenigstens die thermische Vernichtung des Erdballes und seiner Atmosphäre zu verlangsamen, sollte ernsthaft in die Wasserstoff-Technologien eingestiegen werden. CO_2 sollte recycelt werden. Kohlevergasung sollte unter Recycling des CO_2 Pflicht werden. In bisher 19 Klimakonferenzen haben Politik und Wissenschaft einen Temperaturanstieg von 2 Grad als gefährliche Grenze definiert. Alle reden von begrenzten Ressourcen, niemand spricht von der begrenzten Kapazität der Atmosphäre, weitere Treibhausgase aufzunehmen.

Die Kapazitätsgrenze ist längst erreicht. Die Meere versauern, die Gletscher schmelzen ab. Strom sollte in kleinen verkapselten Atomkraftwerken erzeugt werden dürfen, diese setzen kein CO_2 frei. In den Städten und Ballungsgebieten sollten nur noch Fahrzeuge zugelassen werden, die permanent in Bewegung sind und sich ggf. selbst steuern. Das Transportwesen muss intelligenter gestaltet werden: einzelne Autos, die stunden-, tage- oder wochenlang nur herumstehen, sind zu vermeiden. Alle Nationen sollten auf gegenseitige Nichtangriffs-Garantien verpflichtet werden, um die militärischen Ressourcen freizubekommen für den Erhalt des Lebens.

Die Souveränität der Zelle sollte ebenso wie die Unantastbarkeit der Würde des Menschen Verfassungsrang erhalten.

Die Menschen sollten partizipieren dürfen; jeder Staat sollte einen Nationalfonds unterhalten müssen. Menschen wollten erhalten und gerettet werden, Banken nicht, zumindest keine parasitären Banken.

Womit werden wir morgen zahlen? Mit Angst und Ohnmacht oder mit einem fairen Anteil am Bruttosozialprodukt? Ein Grundeinkommen sollte mangels anderer Alternativen getestet werden.

Die Art und Weise, wie die Pharma- und Zulassungsbranche den weltweiten Arzneimittelmarkt oligopolisiert und zerstört, ist zu beenden. Wir benötigen also eine Zerschlagung der Monopole, das gilt auch für die Datenmonopole.

Wir benötigen eine technisch intelligent begleitete realistische Utopie gegen die Plünderung des Erdballs; ein gemeinsames Bewusstsein ohne rücksichtslose Ausbeutung der Erde oder des Menschen mit fairer Verteilung der Ressourcen: Wir benötigen eine soziale Weltwirtschaft statt einer Freihandelsdiktatur. Oligopole und Monopole müssen entflochten werden.

Datenströme müssen transparent kontrolliert oder von vornherein geheim gehalten werden: Es gibt ein Recht auf Privatheit. Der Datenklau durch Geheimdienste muss beendet werden. Bei einem seriösen Planeten-Management unter Einbeziehung aller verfügbaren energetischen, klimatischen und ökonomischen Informationen, sind Eingriffe in die privaten und institutionellen Datenflüsse nicht nötig, sondern Sabotage und Wirtschaftsspionage, de facto permanenter Cyberkrieg.

Die geheimen Dienste müssen in Zukunft auf *konventionelle Spionage* beschränkt werden.

Finanzwetten und Spekulationen mit dem Bruttosozialprodukt müssen verboten und unter Strafe gestellt werden. Das Bruttosozialprodukt darf nicht zur Haftung von Banken eingesetzt werden, dies ist Diebstahl am Volksvermögen, neben Landesverrat und Mord der schwerste Straftatbestand.

Die Haftung für Manager wird eingeführt, Boni werden abgeschafft. Stellen Sie sich vor, der Manager müsste für das was er tut haften. Er würde sofort zurücktreten oder zurückgetreten werden – stattdessen wird er heutzutage im Amt gehalten.

Offshore-Oasen werden trockengelegt. Wer seine dortige Vermögen nicht offenlegt, wird enteignet.

Asoziale Niedrig- oder Nichtsteuern werden verboten. Nur genossenschaftlichen Modellen werden niedrige Steuern genehmigt.

Banken, die sich nicht binnen zu setzender Fristen von Derivaten trennen, werden geschlossen. (Zur Erinnerung: Derivate sind intransparent verpackte Schulden. Wer damit handelt, um damit Geld zu verdienen, benötigt eine Glücksspiel-Lizenz. Weder die EZB noch Herr Draghi haben eine solche.) Die Vernichtung des Geldes wird dadurch gestoppt, dass die Tätigkeit von Banken, die mit Derivaten handeln, eingeschränkt oder beendet wird. Es geht nicht an, dass das Volumen der gehandelten Derivate inzwischen das Dreizehnfache des Weltbruttosozialproduktes beträgt.

Die Diktatur der Derivate muss beendet werden, ebenso die Diktatur der Zentralbanken, diese dürfen keine Währungskriege zulasten anderer Völker organisieren. Geld muss ein Weltstandard sein, auf den sich jeder verlassen kann. Alles andere ist Enteignung, Willkür oder Manipulation. Durch diese Schuldenberge ist die zirkulierende Geldmenge auch permanent instabil und das reale noch an die Wirtschaftskreisläufe einigermaßen gekoppelte

Geld vermag seine marktregulierende Aufgabe nicht mehr wahrzunehmen.

Geld, das stabil ist über alle Zeiten, wird es niemals geben. Das ist mit der Volatilität des menschlichen Wirtschaftens nicht vereinbar, aber man kann es so lange wie möglich stabil halten, gerade bei den heutigen Möglichkeiten sollte dies machbar sein.

Der Ankauf von Derivaten wird mit sofortigem Lizenzentzug geahndet. Geldmanager haften persönlich. Wer sein Unternehmen ausbeutet, während er den Mitarbeitern nur Löhne unter dem Existenzminimum bezahlt, sollte aus dem ökonomischen Verkehr gezogen werden, respektive seine Firma sollte geschlossen werden. Diese hat dann keine Existenzberechtigung, da sie die Ausbeutung als Geschäftsmodell hat.

Im Aktien- und Bilanzrecht ist für die Gleichstellung von Kapital und Arbeit zu sorgen. Bei der Lohnfindung ist die Würde des Menschen ebenso zu beachten, wie die Eigentums-Verpflichtung. Geschlechtsspezifische Entlohnungs-Unterschiede sind sofort zu beenden.

Gerechte Partizipation am Bruttosozialprodukt (BSB) wird durch Mindestlöhne und/oder eine negative Einkommensteuer erreicht. Der Staat kann seine Aufgaben über die Mehrwert- und Kapitalertragssteuer finanzieren.

Wir benötigen also durch Beachtung und Einforderung dieser Rechte einen gewaltfreien Aufstand gegen die Gier. **Die Ökonomie der Verachtung und Vernichtung muss beendet und bestraft werden.** Es kommt dadurch zu einer *sozialen Weltwirtschaft* statt *asozialen Raubrittertums*. Sonst kommt es zum Ende der sog. *freien Gesellschaft*.

Diesbezüglich ist ein vorsichtiger Umgang mit den individuellen Datenströmen und dem Fernmeldegeheimnis zu verlangen. Die Datenströme werden von einer vereidigten Transparenzkommission kontrolliert oder die geheimen Dienste werden abgeschafft. Klingt naiv, ist aber machbar.

Die Anwendung amerikanischen Rechts- oder amerikanischer Schiedsgerichtsbarkeit auf europäischem Boden wird untersagt.

Ansonsten gilt das Prinzip der Nichteinmischung. Für die Religions-Ausübung gilt ein Toleranzedikt.

Es gibt in dem so beschriebenen Europa eine strenge Kartell- und Antikorruptionsbehörde. Richter werden fair und großzügig bezahlt, dürfen aber dann keine Nebentätigkeiten mehr ausüben.

Regierung und Leben in Zeiten des Weltpolizeistaates

Der Staat nähert sich nach dem Verlust der Unschuldsvermutung gegenüber dem Bürger einem Zustand des Regierens im Ausnahmezustand.

Immer mehr Bürger schuldigen einander an, der Staat selbst verdächtigt seine Bürger immer häufiger des Terrorismus oder des Fehlverhaltens, immer mehr Verbote werden ausgesprochen. Immer mehr Völker oder Stämme innerhalb dieser Völker verdächtigen andere Menschen, fremde Stämme oder Menschen anderen Glaubens. Die Summe der Anschuldigungen der erfüllbaren und der unerfüllbaren Ansprüche weckt ein Klima der verbalen oder tatsächlichen Gewalt.

Der Polizeistaat wird nicht mehr nur vorbereitet, er ist da. Der Weltpolizeistaat ist charakterisiert durch

- Verlust der Unschuldsvermutung, anlasslose Datenspeicherung,
- Zunahme der Flut der Verdächtigungen, die anonym und nicht anonym ausgespro-

chen werden und im noch vorhandenen öffentlichen Raum schweben,

- es wird mit Mutmaßungen regiert,
- es wird verbal aufgerüstet,
- es wird nicht mehr deeskaliert,
- es wird Paranoia geschürt,
- die Grenzen zwischen Polizei, Militär und Verfassungsschutz verschwinden,
- dafür treten inzwischen in Deutschland auch hohe BGH-Richter ein,
- Polizei und Militär treten gemeinsam im öffentlichen Raum auf, vorgeblich um Anschläge Angehöriger fremder Glaubensrichtungen oder sog. Terroristen zu verhindern.

Die Verbissenheit und Aggressivität der Zurückgebliebenen, Entrechteten, Armen oder Mittellosen wird immer größer. Die Gewaltbereitschaft der Ausgeschlossenen und auch des Staates nimmt zu. Statt Vertrauen zu schaffen, wird Misstrauen gesät, es wird eskaliert, statt deeskaliert, militärisch und verbal aufgerüstet statt abgerüstet, polizeiliche und militärische Maßnahmen werden prophylaktisch ausgeführt. Man verlässt sich auf V-Leute oder sonstige dubiose, später nicht offengelegte Informanten. Das alles natürlich zwecks Wahrung der Sicherheit. Täter werden oft in Gewahrsam genommen, schlichtweg erschossen, möglichst von Drohnen oder im staatlichen Auftrag hingerichtet – das gilt auch für belastende Zeugen.

Dies sind Ingredienzien einer dunklen Zeit: Hybride Kriege, Folter und langjährige Inhaftierungen ohne Anklage sind üblich geworden. Keiner regt sich mehr darüber auf; jedenfalls nicht der deutsche Innenminister und schon gar nicht der Generalbundesanwalt.

Militärische Auseinandersetzungen und auch Bürgerkriegsauseinandersetzungen werden immer häufiger völkerrechtswidrig geführt. Die Genfer Konvention ist zu einem Fremdwort geworden, die Unterscheidung zwischen militärischen und zivilen Zielen findet nicht mehr statt.

Die Polizei wird immer häufiger brutal angegriffen, allerdings wird auch die Polizei immer übergriffiger. Geheime Polizeigruppen, sog. *Anti-Terror-Einheiten* werden geschaffen. In diesem Klima kann Demokratie nicht gedeihen, deshalb wird mit Ausnahmegesetzen regiert, nach dem Motto des früheren Verfassungsrechtlers zur NS-Zeit.[5]

Da Innenpolitik und Außenpolitik immer unfähiger geworden sind, dem Bürger die ihm tatsächlich oder vermeintlich zustehenden Rechte zu gewähren, finden Interessenausgleiche nicht mehr auf friedlichem Wege statt, sondern unter Druck oder mithilfe bürgerkriegsähnlicher Auseinandersetzungen. Der öffentliche Raum ist paramilitarisiert worden. Die Justiz ist weisungsgebunden, die Richter durch Nebentätigkeiten absorbiert, zynisch oder frustriert. Die Menschen werden zensiert oder zensieren sich selbst. Im Ergebnis werden Orwell und Kafka noch übertroffen.
Somit wird das 21. Jahrhundert wie das 20. Jahrhundert ein Jahrhundert der Extreme sein.

Hinzu kommen die Folgen des Klimawandels, Erwärmungen, Hungersnöte, Wetterextreme: Überschwemmungen, Trockenheit, starke Stürme.

---

[5] *Anleihe-Käufe, M. Draghis Billionen-Experiment* FAZ online vom 09.03.2015

Das bedeutet nicht, dass die Welt untergeht, aber sie wird sehr stark ihre Form ändern.

Die Probleme werden transnationaler und internationaler werden. Lösungen werden nicht antizipatorisch in Angriff genommen, sondern zunächst lässt man die Probleme größer werden. Es kommt banal gesprochen zu einer Zeit mindestens 30 Jahre andauernder Bürgerkriege, wenn nicht 50 Jahre, und erst dann wird eine Art Weltgesellschaft entstanden sein, die wieder beginnen wird, sich neue Statuten zu geben, die evtl. an die früheren Freiheiten und Lebensqualitäten erinnern.

Warum nähert sich der Staat dem Verlust der Unschuldsvermutung?
Regieren ist komplex geworden und der Verlust der Unschuldsvermutung erlaubt die permanente Verhängung des Ausnahmezustandes. In scheinbarer Einhaltung geltender Rechte geht der Staat dabei subtil vor: In allen westlichen Demokratien wird die Erklärung des Ausnahmezustandes zunehmend ersetzt durch eine beispiellose Ausweitung des Sicherheits-

paradigmas als normale Technik des Regierens.[6]

Die staatlichen Strukturen, die unter den Bedingungen der Weltrisikogesellschaft entstehen, werden zunehmend labiler, autoritärer und paranoider. Wie erklärt sich dieses weltpolitische Konflikt– und Umsturzpotenzial globaler Risiken, das von der konventionellen Risikosoziologie nur unzureichend gesehen und begriffen wird?[7]
Eine Antwort lautet: Im Umgang mit katastrophischen Risiken wird die Gegenwart des zukünftigen planetarischen Ausnahmezustandes verhandelt, der nicht mehr national zu begrenzen und zu verantworten ist. Der Ausnahmezustand gilt nicht mehr innerhalb einer Nation, er gilt kosmopolitisch und stiftet dabei neue Konflikte, neue Gemeinsamkeiten und Handlungschancen für ganz verschiedene Akteursgruppen. Dies ist auch der Grund dafür, dass er

---

[6] *Anleihe-Käufe, M. Draghis Billionen-Experiment* FAZ online vom 09.03.2015 / Schmitt, Carl, *Politische Theologie*, 1922
[7] Beck, Ulrich, *Weltrisiko-Gesellschaft*, Suhrkamp 2007

von vielen gar nicht abgelehnt, sondern aktiv herbeigeführt und begrüßt wird. Das geht bis in die Geopolitik und die Geostrategie – siehe zum Beispiel die demnächst zu beschließende atomare Aufrüstung der baltischen Staaten, um den tatsächlichen oder eingebildeten Gegner *Russland* so preiswert wie möglich einzuschüchtern, nachdem man ihm geostrategische Augenhöhe und Multipolarität verweigert hat.

Man müsste hier einmal definieren, was ein *Failed State* ist. Hier sollten sich einmal Amerika und unsere Politiker, die im Schlepptau Amerikas und seiner NATO handeln, fragen, wie wir auf die 5,6 Milliarden Erdbewohner wirken, die nicht im Westen leben.
Es ist noch gar nicht so lange her, da besetzte Amerika die Vorstellungskraft vieler Menschen auf der ganzen Welt positiv; das Land galt als Leuchtfeuer von Freiheit und Demokratie, als Verteidiger hoher Werte. Es lebte rund um den Erdball in den Herzen der Menschen – bis zum 11. September 2001 und bis zur Einrichtung von Guantanamo, wo Menschen gefoltert und getötet und vergewaltigt wurden, ohne dass bisher auch nur gegen einen

einzigen der Täter Anklage erhoben worden ist. Auch die weltweite Entrüstung hält sich inzwischen in engsten Grenzen.

Der Zauber, unter dessen Einfluss Amerika 60 Jahre des Kalten Krieges regieren und agieren konnte, ist in den wenigen Jahren nach dem Kalten Krieg komplett verflogen, denn die Vereinigten Staaten haben sich nach dem Ende des Kalten Krieges rücksichtslos bewegt, mit dem Ergebnis, dass das Wohlwollen, das Amerika einmal entgegengebracht wurde, bei Freund und Feind dahingeschmolzen ist. Stattdessen gibt es heute in vielen Teilen der Welt, insbesondere unter den 1,2 Milliarden Muslimen, ein stattliches Potenzial an antiamerikanischem Hass.

Die Enttäuschung ist gewaltig. Dennoch, und dies ist geostrategisch und geopolitisch von tiefer Tragik, verstehen die meisten Menschen und Politiker in den USA und in Europa nicht, wie sehr sich bei denen, die nicht im Westen leben, die Einstellung gegenüber Amerika verändert hat.

Es wird Amerika äußerst schwer fallen, wieder mit den 3,5 Milliarden Asiaten ins Gespräch zu kommen, die dank ihres Fleißes von Objekten zu Subjekten in der Weltgeschichte geworden sind.

Nachdem sich Amerikaner während des Kalten Krieges große Mühe gegeben hatte, von Marokko bis Indonesien eine starke pan-islamische Bewegung als Bollwerk gegen die sowjetische Besatzung Afghanistans aufzubauen, ließ das Land diese Bewegung nach dem Niedergang der Sowjetunion im Stich, gaben den Kämpfern unter Osama bin Laden den Laufpass und ließen sie in Afghanistan vor sich hinschmoren. Von dort aus schlugen die Taliban dann zurück und es wurden Terror-Anschläge gestartet, von wem auch immer.

Viele Amerikaner wiegen sich in dem Glauben, die Probleme der USA mit der Welt, also auch mit der islamischen Welt, hätten sich mit dem Ende der Regierung Bush erledigt.
Weit gefehlt, denn Obama hat enttäuscht, er hat Guantanamo nicht geschlossen, er ließ weiter foltern, er ließ weiterhin Drohnenangriffe fliegen, er selbst hat mindestens zwei- bis dreitausend Todesurteile per Drohnenangriff **persönlich** genehmigt und unterzeichnet – als Friedensnobelpreisträger. Unsere

Untersuchungsausschüsse sind verwanzt und das Vertrauen unserer Parlamentarier und unserer Bevölkerung enttäuscht.

Die außenpolitische Linie Amerikas, die allein genommen für die tiefste Verwerfung zwischen dem Land und dem Rest der Welt verantwortlich ist, besteht in dem parteiischen Umgang mit dem israelisch-palästinensischen Konflikt. Da ist auch der US-Präsident nicht mehr Herr im Hause. Kurz vor Erreichen eines vorübergehenden Waffenstillstandes, was die Urananreicherung durch Persien angeht, darf hinter dem Rücken des Präsidenten Obama einer der größten Fürsprecher des Bombenangriffes auf Persien, der Ministerpräsident Israels, Benjamin Netanjahu, eingeladen werden, um zum bewaffneten Konflikt mit Persien aufzurufen.

Nur wenige Amerikaner wissen, dass das tägliche Leiden der palästinensischen Bevölkerung Tag für Tag auf die Fernsehbildschirme in moslemischen Wohnzimmern rund um den Erdball übertragen wird. Diese schmerzhaften Szenen erinnern die moslemischen Gesellschaften und die arbeitslosen Männer dieser Gesellschaften ständig daran, wie schwach sie geworden sind: Sie können die Palästinenser nicht vor einer Besatzung durch 7 Millionen Israelis beschützen.

Nur wenige Amerikaner sind sich bewusst, dass die absolute Sicherheitsgarantie, die sie Israel gegeben haben, die schmerzhafte Herrschaft über das palästinensische Volk verlängern wird, was für das israelische Volk noch gefährlicher wird, da es einer Regierung jeden Anreiz nimmt, rasch einen belastbaren Frieden zu schließen. Die Geschichte lehrt allerdings, dass es gefährlich unklug für einen Kleinstaat wie Israel ist, in permanenter Feindschaft mit seinen Nachbarn leben zu wollen.

Bedauerlicherweise steht Washington unter dem Einfluss alter Denkschablonen, das Gleiche gilt aber auch für Europa und nun kommt zu dieser geopolitischen Inkompetenz noch die finanzpolitische und fiskalische Impotenz des Dollars und des Euros hinzu. Wie das Managermagazin 2/2015 richtig feststellte, ist dies ein toxischer Cocktail aus Überkapazitäten. Immobilien- und Kreditblasen drohen dem Boom ein jähes Ende zu setzen. Nur deutsche Unternehmen ignorieren die Gefahren noch.

Was ist zu tun?

Beendigung der geopolitischen Inkompetenz. Europa hat sofort illegitime Tötungen zu beenden, die von seinem Boden ausgehen oder den Amerikanern ermöglicht werden.

Europa sollte sich positiven Kraftfeldern, wie der Anerkennung der weltweiten Rechte von Frauen und Kindern zuwenden und Sprachkurse anbieten, die die Integration schutzbedürftiger Migranten erleichtern. Dies kann schon vor Ort geschehen.

Ohne Sprachkenntnisse und ohne Integrationswillen kann niemand auf Dauer aufgenommen werden. Unnötig schwieriger und langwieriger Unterricht ist zu vermeiden. Die Beherrschung von 800 Worten genügt.

Im Übrigen ist eine regelmäßige Konferenz, z. B. in Helsinki unter europäischer Leitung auszurufen und unter Beteiligung Russlands für eine europäische Sicherheits-Architektur im postimperialen Zeitalter zu sorgen. Selbstverständlich gehört dazu die gegenseitige Respektierung bisheriger Grenzen, gehören dazu Nicht-Angriffspakte, insbesondere was den Einsatz von Drohnen, Bomben und Biowaffen angeht.

Hinzukommen sollte eine Beendigung der digitalen Inkompetenz Europas. Die digitale Demenz, die wir uns durch die *Vergoogelung* selbst verordnet haben, muss beendet werden, schon um den Anlagenbau sicher zu gestalten. Wir benötigen sichere Betriebssysteme, keine fahrlässige *Vercloudung*. Niemand ist so stark im Bauen ökologisch sinnvoller Anlagen wie Deutschland. Diese müssen aber heutzutage digital gesteuert werden und damit ist aus Gründen der Sicherheit ein sicheres Betriebssystem nötig.

Es ist selbstverständlich, dass der Bürger nicht ausspioniert werden darf und dass man ihm die Privatheit seiner Daten, z. B. seiner Gesundheitsdaten ebenso garantieren muss, wie den sonstigen Teilnehmenden am wirtschaftlichen Geschehen. Es ist mein Eindruck, dass der deutsche Staat das nicht leisten will und kann. Der denkt nicht im Traume daran, hierfür die Rahmenbedingungen zu schaffen, obwohl er im Interesse seiner Bürger und seiner selbst dazu verpflichtet wäre.

Die unfaire fiskalische Behandlung des Mittelstandes ist sofort zu beenden. Es geht nicht an, diesen in Sonntagsreden immer zu belobigen und ihn dann fiskalisch und erbschaftssteuermäßig zu kastrieren. Im Vorfeld dieser Sicherheitskonferenz sollte Russland schnellstens dargelegt werden und durch ein entsprechendes europäisches Verhalten bewiesen werden, dass wir die Ukraine als wertvolle Landbrücke zwischen Europa und Russland betrachten und dass Amerika dort nichts zu suchen hat.

Russland ist Teil der Machtbalance in Europa, Asien und der Welt: Russland trat Karl XII. von Schweden, Napoleon und Hitlers Armeen entgegen, als diese es zu besetzen, zu zerstören und zu unterjochen versuchten. Russland tritt jetzt Amerika entgegen, wie einst im Kalten Krieg. Es darf nicht Europa entgegentreten und Europa darf nicht Russland entgegentreten. Dies wäre suizidal.

Wir müssen anerkennen, dass Russland, welches sich von Wladiwostok bis Moskau über 7.000 Kilometer erstreckt, ein langes historisches Gedächtnis hat und im Gegensatz zu Europa und Amerika in Frieden mit der muslimischen Welt lebt.

Russland wird niemals ohne Not expansiv, es folgt vielmehr seinem eigenen Rhythmus in

Abhängigkeit seiner sieben Zeitzonen und verfolgt seine Ambitionen viel weniger aggressiv als andere. Es vereint in sich die Tugenden und die Konsequenz Asiens ebenso wie das Raffinement des einstigen Oströmischen Reiches. Wer dies negiert, wird Russland nicht gerecht und begeht Fehler auf Fehler. Es muss Russland erlaubt sein, seinen eigenen Weg durch die Geschichte fortzusetzen, ohne Bedrohung durch die NATO.

Es ist ein Nichtangriffspakt, dann eine wirkliche europäische Sicherheits-Architektur anzustreben. Eine europäische Verteidigung vermag Russland zu zeigen, dass wir nicht der Schwanz des amerikanischen Pudels sind.

Innenpolitisch bleibt eine Menge zu tun. Wir müssen heraus aus der Diktatur der ölenergetischen Falle und der Diktatur der defekten Wachstumsmodelle. Da dies die Nationalstaaten aufgrund ihrer Ängste vor dem Bürger und den internationalen Kartellen nicht schaffen, muss sich die Bevölkerung selbst ermächtigen und eine europäische Verfassung erarbeiten, die den Völkern Europas zur Abstimmung vorgelegt wird, mit gemeinsamer Wirtschafts-

und Fiskalpolitik, zu deren Etablierung der französischen und deutschen Politik der Mut fehlt. Mit gemeinsamer Außen- und Verteidigungspolitik. Die Kanzler und Präsidenten der Nationalstaaten sind dann nur noch Gouverneure.

Regieren und regiert werden ist eine ernste Angelegenheit. Theoretisch ist eine Demokratie eine rechenschaftspflichtige Angelegenheit, in der Transparenz gefragt wird. Tatsächlich haben die jetzigen Regierenden die Geduld mit dem Bürger verloren, belügen, verführen und bespitzeln ihn – besser gesagt: lassen ihn bespitzeln –, damit der Bürger in ein Werkzeug verwandelt werden kann, für die mehr oder weniger eigenartigen Projekte, die sich unsere Politiker dauernd einfallen lassen.

Mithilfe der Zerstörung der Privatsphäre beispielsweise wollen uns Oligarchen und Bürokraten kontrollieren und manipulieren. Sie haben längst vergessen, dass sie Treuhänder des Steuergeldes der Bürger sind.

Der Umgang mit dem Steuergeld des Bürgers zeigt: es wird verschwendet und zweckentfremdet, verliehen, vernichtet und verheizt.

Hauptsache, die eigenen Ruhestandsbezüge sind so hoch wie möglich. Kaum hat ein Politiker sein Amt verloren oder verlassen, tritt er gleich als käufliche Fürsprecher in bezahlte fremde Dienste. Man nennt das *Networking*.
Zumindest ihre Leibwächter, Büros, Fahrzeuge etc. sollten ausgeschiedene Politiker sich dann selbst bezahlen.

An die Stelle der wechselseitigen Kontrolle ist wechselseitiger Betrug getreten. Der Gesetzgeber und auch die Exekutive haben sich durch exzessiven intransparenten Lobbyismus korrumpieren lassen. Die ursprünglich versprochene und vorgeschriebene Gewaltenteilung ist einer Persiflage gewichen.
Die staatlichen Mitglieder der Rechtspflege pflegen vielfach das Unrecht. Unter den Studenten des Rechtes soll angeblich etwa ein Drittel für die Wiedereinführung der Todesstrafe sein.
Unter diesen Umständen können Sie sich vorstellen, was an Rechtssicherheit und Menschenfreundlichkeit auf uns zukommt, wenn diese Zustände nicht geändert werden.

Schlusswort

Die Verwandlung des Planeten in eine einzige Fabrik zur Ausnutzung seiner Stoffe und Energien wird sichtbar.

Frei zitiert nach Karl Jaspers, *Die Geistige Situation der Zeit* aus dem Jahre 1932: *Die Entgötterung ist nicht der Unglaube Einzelner, sondern die mögliche Konsequenz einer geistigen Entwicklung, welche in der Tat ins Nichts führt. Eine nie da gewesene Öde des Daseins wird sichtbar. Diese Entwicklung ist zwar für das Bewusstsein nicht unausweislich, denn sie setzt ein Missverstehen des Seins der exakten Naturerkenntnis und die Verabsolutierung im Übertragen ihrer Kategorien auf alles Sein voraus. Zum ersten Male hat eine wirkliche Naturbeherrschung begonnen.*

Zusatz von Dr. Kübler: *Diese erstreckt sich mithilfe der Crisper-CAS-Technologie, die das Genomic Editing ermöglicht, im 21. Jahrhundert nunmehr auch auf die individuelle Zelle der Tiere und des Menschen.*[8]

---

[8] Kaulen, Hildegard, *So schürfen nun die Goldgräber im Genom*, FAZ 22.04.2015

Chancen wie Gefahren sind hier unabsehbar. Indem der Mensch die Natur in dieser Weise ausbeutet und nunmehr in einem finalen Akt nach dem letzten Rohstoff, nämlich der Zelle greift, indem er diese über das *Genomic Editing* jeder gewünschten Manipulation und Mutation zugänglich macht, verlässt er die Natur mit der Gefahr, dass die Natur ihn verlassen wird.

So kann man nur noch die Abschiedsworte sprechen:
Jene Länder, die Gott und die Natur verlassen haben, für deren Menschen der Erdball überall zugänglich ist, die nach möglichst wenig Leid bei möglichst viel Behaglichkeit für alle streben, haben den Planeten in eine einzige Fabrik zur Ausnutzung seiner Stoffe und Energien gemacht.
Sie hassen und demütigen die Söhne und Töchter der Wüste in ihrer orientalischen Weltlosigkeit und der von ihnen ergriffenen Möglichkeit des *Nichts als des eigentlichen Seins* und fürchten ihre Religion.

Literaturquellen

Anleihe-Käufe, M. Draghis Billionen-Experiment FAZ online vom 09.03.2015

Schmitt, Carl, *Politische Theologie*, 1922

Agamben Giorgio, *Ausnahmezustand*, Edition Suhrkamp 2004

Von der Steuerinsel in die Schwarzgeld-Hauptstadt, FAZ online 06.03.2015

Beck, Ulrich, *Weltrisiko-Gesellschaft*, Suhrkamp 2007

Kaulen, Hildegard, *So schürfen nun die Goldgräber im Genom*, FAZ 22.04.2015

Zeitfracht Medien GmbH
Ferdinand-Jühlke-Straße 7
99095 Erfurt, Deutschland
produktsicherheit@kolibri360.de